SÉDIR

LES MIROIRS MAGIQUES

DIVINATION

CLAIRVOYANCE. — ROYAUMES DE L'ASTRAL

ÉVOCATION. - CONSÉCRATIONS. - L'URIM & LE THUMIMM

MIROIRS DES BHATTAHS

DES ARABES - DE NOSTRADAMUS - DE SWEDENBORG

DE CAGLIOSTRO

3ᵉ Édition, revue et corrigée

PARIS

Librairie Générale des Sciences Occultes

BIBLIOTHÈQUE CHACORNAC

11, QUAI SAINT-MICHEL, 11

1907

LES MIROIRS MAGIQUES

OUVRAGES DU MÊME AUTEUR

A la même Librairie :

Les Tempéraments et la Culture psychique d'après Bœhm, 2ᵉ éd. refondue, br. in-8°. Prix 1 franc.

Les Miroirs magiques, br. in-18, 2ᵉ éd. Prix 1 fr. 50.

Les Incantations, vol. in-18, schémas. Prix 3 fr. 50

Les Plantes magiques, vol. in-18. Prix 2 francs.

Theosophia practica, trad. de l'allemand de GICHTEL, vol. in-8° carré, fig. en couleurs h. texte. Prix 7 francs.

Pensées et Vie de Gichtel, trad. de l'allemand, br. in-8°. Prix 1 fr. 50.

L'Esprit de la Prière, trad. de l'anglais de W. LAW, br. in-18. Prix 1 fr. 50.

Vie, Œuvres et Doctrines de Jacob Bœhm, avec portrait, br. in-18. Prix 1 franc.

Éléments d'Hébreu d'après Fabre d'Olivet, br. in-18. Prix 1 franc.

Les Lettres magiques, vol. in-18. Prix 1 fr. 50.

Vos Forces, 2ᵉ série, trad. de l'anglais de PRENTICE MULFORD, vol. in-8°. Prix 3 francs.

En collaboration avec le Dʳ Papus :

L'Almanach du Magiste, années 1894 à 1899, br. in-18.

Epuisés :

Le Messager céleste de la Paix universelle, trad. de l'anglais de JEANNE LEADE, br. in-18.

Le Gui de sa philosophie, traduit de l'anglais de PETER DAVIDSON, br. in-16 carré.

Iatrochimie et électro-homéopathie, trad. de l'allemand de SATURNUS, br. in-18.

La Création, br. in-8°.

Sous presse :

De la Signature des Choses, de JACOB BŒHM, 1ʳᵉ trad. française, 1 vol. in-8° de la Collection des *Classiques et l'Occulte*.

SEDIR

LES MIROIRS MAGIQUES

DIVINATION
CLAIRVOYANCE. — ROYAUMES DE L'ASTRAL
ÉVOCATION. — CONSÉCRATIONS. — L'URIM & LE THUMMIM
MIROIRS DES BHATTAHS
DES ARABES, — DE NOSTRADAMUS, — DE SWEDENBORG
DE CAGLIOSTRO, ETC.

3ᵉ Édition, revue et corrigée

PARIS
LIBRAIRIE GÉNÉRALE DES SCIENCES OCCULTES
BIBLIOTHÈQUE CHACORNAC
11, QUAI SAINT-MICHEL

1907

INTRODUCTION

En aucun temps l'homme n'a pu se satisfaire des merveilles du monde physique ; dès l'origine des sociétés il eut l'intuition d'un au-delà et d'un invisible, le désir de l'infini ; créature misérable et solitaire luttant sans cesse contre la fatalité formidable, il a cherché instinctivement en lui-même une logique pour guider sa marche, une lumière pour encourager son inlassable espérance. Je ne reprendrai pas le développement, facile à décrire, des sociétés primitives, des cultes rudimentaires ; les lecteurs connaissent ce chemin de croix de l'humanité, à toutes les étapes duquel la blessure physique a fait épanouir une nouvelle fleur spirituelle.

La divination prit naissance de ces cris d'angoisse et d'interrogation que jetait notre ancêtre pitoyable à la grande voix des eaux, au chant des forêts, aux étoiles ; l'oiseau planant dans les cieux, l'animal rencontré sur la route, le météore illuminant la nuit, donnèrent des réponses à ses demandes inexprimées ; la Nature physique contribua donc la première à édifier cette grande science des présages.

Mais, si nous nous en référons aux sources de la tradition occulte, nous apprendrons que toujours des entités angéliques furent commises par la Sagesse suprême à la direction du triple mouvement évolutif de la planète : une partie de ces anges faillirent ; la cohorte des Adeptes contient les fils mystique de l'un et l'autre camps. Par eux, les notions innombrables et éparses furent réunies en système de science et leurs théories mentales, assenties avec une plénitude parfaite, s'identifièrent toujours avec 'es lois archétypes. La principale de ces lois et la plus *fondamentale* en même temps que la plus *capitale* est celle de la Trinité (1).

Je vais essayer de l'appliquer ici au vaste système de la Divination.

L'Homme est triple : Corps, âme doublement polarisée, esprit (2).

Le Cosmos est triple : Nature naturée, Humanité

---

1. Voyez sur la Trinité les admirables travaux de Lacuria et de Barlet.
2. Papus. *Traité de Magie pratique*, Paris, Chacornac, 1906, 2ᵉ éd., in-8. *Science des Mages*, Paris, Chacornac, broch. in-18.

(Adam de la *Genèse*), Nature naturante (esprits, génies planétaires, anges). Placé au centre du Cosmos, l'Homme peut donc interroger spécialement chacune de ses trois parties, et cela selon l'une ou l'autre de ses triples facultés : telle est la base de notre classification.

L'Homme physique interroge le corps de la Nature : de là naît la divination par les présages naturels ; qu'il interroge les autres hommes, l'âme de la Nature, il créera toutes les parties de la physionomie ; qu'il interroge les esprits, ils lui répondront autour du cercle magique.

L'Homme animique trouvera les réponses de la nature dans les images du rêve ; il pourra lire dans l'âme des autres hommes en développant ses sens spirituels ; et il entendra les génies lui parler, dans le sommeil sacré de l'extase. Si enfin c'est l'esprit qui s'angoisse et s'inquiète, le ciel lui répondra par les déductions de l'astrologie, la chaîne magique de l'initiation humaine fera parler les tarots, les teraphims anciens, ou encore la Lumière même du Verbe lui inspirera des prophéties *conscientes*.

Le tableau suivant fera mieux saisir ces classifications.

	ADAM			
LE NON-MOI	*Homme physique*	*Homme astral*	*Homme intellectuel*
Nature naturée	1 Présages naturels	2 Songes	3 Astrologie judiciaire
Humanité	4 Physiognomonie générale	5 Sensibilité astrale (clairvoyance, etc)	6 Tarots
Nature naturante	7 Magie manifestations physiques de l'invisible	8 Extase	9 Prophétie consciente

(LE COSMOS)

Nous voyons, dès le premier coup d'œil, qu'en vertu du principe même de la Yoga, celui qui veut posséder la maîtrise de la divination devra s'assurer tout d'abord de son développement astral (case 5 du tableau) centre de tout le système, point solaire de toute culture.

— Le miroir magique n'est autre que l'instrument de la culture ésotérique des sens astraux : on peut juger par là de son importance. — J'ajouterai cependant qu'un tel sujet est au-dessus de mes forces, et que je n'ai pas l'intention de l'épuiser dans les pages suivantes. Une simple élucidation préliminaire de l'hyperphysique dans l'homme et en dehors de l'homme, avec le moyen d'en pénétrer les régions les plus grossières : tel est le plan de cette étude.

Quelles qu'en soient les imperfections, je m'estimerai heureux si les travailleurs sincères peuvent retirer de cette lecture quelques utiles indications.

Toutefois, je dois ajouter ici que ce petit livre est en quelque sorte, un pis-aller : je déconseille à tout le monde la pratique de la magie sous n'importe laquelle de ses formes. Donner les raisons de ceci demanderait un volume ; néanmoins j'ai écrit ces pages pour donner la méthode la moins dangereuse d'aller volontairement en astral, afin que les gens pressés puissent satisfaire leur curiosité sans courir de risques physiques. Ils seront en butte à d'autres embûches ; mais celles-là seront à plus longue échéance que les précédentes.

CHAPITRE PREMIER

THÉORIE

I. — L'INVISIBLE

Plus qu'à aucune autre époque de l'histoire occidentale, les esprits façonnés par la science actuelle se lancent dans le labyrinthe sans fin du monde phénoménique. Des savants à l'érudition encyclopédique se sont succédé en grand nombre pour édifier de simples classifications de sciences même particulières : peine perdue ; les faits d'observation viennent chaque jour détruire les théories les mieux édifiées, faute d'un insaisissable lien dont bien peu ont connu l'existence, et dont un plus petit nombre encore, parmi ceux qui l'ont connu, ont pu se servir efficacement.

Ce lien, terme équilibrant et canal entre deux contraires, le lecteur l'a deviné déjà, c'est le troisième terme de la Trinité. A l'étudiant impartial des anciens symbolismes religieux, la Trinité apparaît comme la loi capitale de la création ; en effet, tous les dogmes la proclament en première place. Cette loi générale doit donc être également vraie dans ses applications particulières.

Nous renvoyons ici le lecteur au lumineux exposé qu'a fait Papus des trois mondes de l'Univers.

« Chaque forme organique ou inorganique qui se manifeste à nos sens est une statuette d'un grand artiste qui s'appelle le créateur, ou plutôt qui vient d'un plan supérieur que nous appelons le plan de création.

« Entre ce plan supérieur et notre monde physique visible, il existe un *plan intermédiaire* chargé de recevoir les impressions du plan supérieur et de les réaliser en agissant sur la matière. » (1).

C'est ce plan intermédiaire, que la tradition occulte appelle *plan astral*.

Puisqu'un phénomène quelconque appartient *ipso facto* au monde physique, puisque sa cause première appartient au monde idéal, métaphysique, — le moyen par lequel celle-ci se manifeste appartient au monde des lois, au monde astral.

Protée aux formes infinies, l'astral est ce milieu, ce médiateur universel, qui reçoit passivement les influences positives des principes du *Monde* ; il les nourrit dans son sein, les élabore, les *organise*, et les ayant vitalisés, il les fait servir, — devenus partie intégrante de lui-même, et ses facultés fécondatrices propres, — au modelage de l'élève-

---

1. *La Science des Mages et ses applications*. Paris. Chamuel, broch. in-18, § 11.

ment ultime de la matière, de ce protyle récemment entrevu. Par l'effet des forces physiques que nous connaissons, de cette seconde fécondation vont se développer les phénomènes visibles, à la fois gloire et désespoir de la science positive.

Tel est l'avis de la Tradition : entre une cause et un effet agit toujours la faculté spécialement et spontanément adaptée à la double nature du principe et du but à atteindre (1). Ce que je viens d'esquisser si grossièrement n'est autre que la révolution la plus générale du quaternaire, — dont on peut voir le mouvement magistralement décrit dans les admirables travaux des maîtres contemporains de l'occultisme.

Voilà donc la vraie nature de ce mystère invisible qui nous effraie par sa profondeur et qui se dérobe avec tant de souplesse à nos recherches dès que nous le voulons interroger.

Or, cette faculté protéenne d'adaptation, qui est l'essence même de l'astral, puisqu'elle se manifeste par du mouvement, est-elle de la vie ? L'astral est-il donc un être vivant, ou une immense collectivité d'individus vivants ? L'analogie oblige à répondre par l'affirmative. D'ailleurs, les plus hauts initiés, comme les plus célèbres philosophes exotéri-

1. La faculté d'adaptation considérée d'une manière générale et sous toutes ses formes, est le *Fo-Hat* des initiés du nord de l'Inde, c'est la *Sakti*, la femme des grands dieux, pour le brahmane initié, c'est pour Adam, Ève, etc. — Voyez la *Genèse*.

Il y a six de ces facultés universelles, synthétisées dans une septième.

ques, ont reconnu l'univers comme un tout en perpétuelle transformation d'où la mort — prise au sens strict d'équilibre, de néant — est exclue (1).

Nous voici en conséquence amené à conclure, d'accord avec les sages des temps les plus reculés : De même que tout ce qui se meut, que tout ce qui vit, l'Invisible est à la fois un être et une immense assemblée d'êtres : l'homme physique est l'agrégat d'innombrables cellules, il est lui-même cellule du corps cosmique d'Adam-Kadmon. Que les proportions gigantesques de ces individualités occultes passent nos ordinaires conceptions, que ce qui nous apparaît comme un milieu inconscient soit en réalité un individu doué de corps, d'âme et d'esprit, c'est ce dont une méditation plus profonde nous convaincra, c'est d'un tel sublime spectacle que le miroir magique peut nous rendre témoin.

Récapitulons ces données quelque peu obscures. Des principes extrêmement simples, des phénomènes infiniment multiples, — entre eux, des canaux, des organes : ainsi apparaît l'univers à qui le pénètre du dehors au dedans. Prouver cet Invisible, ou mieux, mettre tout étudiant sincère et convenablement disposé sur le chemin qui pourra le mener — s'il le désire — au *seuil* de l'océan de lumière et de vie dans le sein duquel flottent les mondes : tel est le but de cet essai.

1. Voyez entre autres la *Monadologie* de Leibnitz.

II. — La Clairvoyance

On appelle *Clairvoyance* la faculté de voir tout ce qui se trouve hors de la portée de notre regard physique.

La Clairvoyance peut s'exercer dans le Temps ou dans l'Espace.

Dans le Temps, elle fait découvrir les choses futures (pressentiments, prophéties, etc.), ou elle laisse apercevoir les choses passées.

Dans l'espace, elle produit ce que les psycho-physiologistes d'aujourd'hui appellent des « hallucinations télépathiques visuelles » (1).

Depuis Mesmer, d'illustres philosophes, surtout chez les Allemands, se sont occupés de cette singulière faculté de l'homme ; ils en ont cherché la théorie ; et c'est après Kant, Schopenhauer, après l'instaurateur du Monisme, le Dr C. du Prel (2) que je vais tenter une élucidation de ces phénomènes si peu connus.

Pour établir cette théorie partons de cet axiome de sens commun que la clairvoyance est une perception.

1. Voyez-en de nombreux exemples dans les *Annales des sciences psychiques* dirigées par le Dr Dariex, et en général dans tous les organes spiritualistes.

2. Voyez ses derniers articles dans la Revue *Sphinx* de Berlin, et sa *Philosophie der Mystik*.

Or qu'est-ce qu'une perception ?

Une perception est une sensation amenée à la conscience ; comme rien n'existe pour nous si nous n'en avons pas conscience, ces deux termes, sensation et perception, s'équivalent en réalité.

D'après Vyasa (*in Comment. Patandjali*), la sensation est cette manifestation de l'intelligence, du mental, qui consiste principalement dans la constatation des qualités spécifiques des objets, c'est-à-dire de leurs apparences phénoméniques.

D'après Kapila (1) la sensation est cette manifestation mentale qui se produit comme une apparence de ce avec quoi elle est en rapport.

La sensation, nous l'avons vu, a pour effet la perception.

Enfin le Nyaya définit la perception comme l'acte de la connaissance par lequel l'organe sensoriel arrive en relation ou en contact avec son objet (2).

---

1. *Sankhya Yoga*, I, 89. Voy. l'excellent résumé qu'en a fait en 1884 Rama Prasad dans le *Theosophist*. — Nous avons fait beaucoup d'emprunts à la philosophie orientale parce que ses maîtres ont toujours été unanimes à reconnaître l'irréalité du monde phénoménique, conclusion à laquelle les Occidentaux ne font que d'arriver.

2. R. Dubois et J. Renaut ont établi que le phénomène de la vision se réduit, en dernière analyse à un véritable phénomène tactile. Chez les Mollusques étudiés par R. Dubois comme chez les Vers (Darwin), le passage de l'obscurité à la lumière, l'intensité lumineuse et la longueur d'onde, la durée de l'excitation lumineuse provoquent des contractions d'une certaine espèce

Ces trois définitions données par trois systèmes différents offrent une concordance remarquable.

Elles indiquent que l'acte de la sensation comme celui de la perception demande trois facteurs pour être réalisé :

1º Ce qui perçoit (le mental, le sens interne).

2º Ce qui est perçu (l'objet dans ses qualités d'apparence).

3º Le moyen de perception (l'organe sensoriel).

Tel est le procès de la connaissance décrit par Kapila (*Aphorismes*) (1) :

il comprend
- 1º L'idée qui forme l'objet de la connaissance : *Grihitri* (le subjectif).
- 2º Le connu : *Grahana* (l'instrumental).
- 3º L'acte de la connaissance : *Grahya*.

Si les choses se passent ainsi pour les perceptions sensorielles, il doit en être de même pour les perceptions hyperphysiques au premier rang desquelles se range la clairvoyance.

encore qu'aucun rudiment d'œil n'existe. Les fonctions photodermatiques nous apparaissent ainsi comme les plus anciennes du sens de la vision. Sous l'influence des rayons lumineux, la peau de ces invertébrés agit déjà comme une rétine élémentaire, et, en se propageant à travers les téguments superficiels, la lumière détermine des contractions réflexes analogues à celles de l'iris. » J. Soury, *La Vision mentale*, Revue philos., janvier 95. — R. Dubois. *Le mécanisme des fonctions photodermatiques et photogéniques dans le siphon du Phola Dactylus*).

1. Nous nous appuyons de préférence sur la philosophie Sankhya à cause de son caractère profondément naturaliste qui la met plus à la portée de notre intellect moderne.

Reportons-nous pour cela aux nombreux témoignages d'expérience que contiennent les œuvres des magnétiseurs modernes.

En examinant les cas de claire-vue, nous remarquerons avec M. Mohini (1) qu'un sujet somnambulique qui perçoit fort bien les personnes avec lesquelles son magnétiseur le met en rapport, et les lieux où il l'envoie est absolument incapable d'entendre ce que disent ces personnes ; et vice-versa, si ledit sujet est développé en clairaudience il ne sera pas clairvoyant ; la même remarque s'étend aux manifestations psychométriques.

On peut inférer de là que si dans un sujet magnétisé le mental se manifeste tantôt par l'intermédiaire de tel sens hyperphysique, tantôt par l'intermédiaire de tel autre, chacun de ces sens dispose d'un organe spécial : par conséquent comme il y a un œil, une oreille physiques, l'œil astral, l'oreille astrale, etc., existent également.

Mais si les sens astraux existent, pourquoi leurs manifestations sont-elles si rares, et si difficiles à atteindre ? C'est parce que nous n'avons pas conscience de leurs activités ; le champ de la conscience ne s'est pas encore développé jusqu'au plan astral (conscience transcendante des Allemands).

Tout le secret du développement de la clairvoyance se résout donc dans ce seul moyen : étendre le champ de la conscience.

Essayons de définir exactement ce mot de conscience,

1. *Transaction of the London Lodge of the Theos. Soc...*

nous pourrons ainsi trouver plus rapidement le moyen de la développer.

La conscience est cette faculté du *Soi* qui lui fait reconnaître sa distinction individualiste d'avec les autres objets : c'est la relation qui s'établit entre le moi et le non-moi au moyen des divers systèmes de sensibilité.

Son exercice suppose nécessairement celui de la faculté de perception.

Or l'expérience de chaque jour nous a appris que nous ne percevons un objet qu'autant que nous lui accordons notre attention (1). D'autre part, toutes les philosophies reconnaissent que l'attention est un phénomène essentiellement volontaire (2). Remontant la chaîne de déductions qui vient d'être établie, il peut être conclu que le seul moyen d'étendre le champ de la conscience en vue du développement de la claire-vue, c'est la mise en œuvre de la volonté ou du désir.

Comment, en ce cas, devons-nous employer la volonté ? Appelons ici à notre secours la science orientale ; nous accepterons a priori ses enseignements, quitte à les vérifier ensuite par de minutieuses expériences.

Les anciens sages de l'Inde pensaient que l'esprit et la matière ne sont pas choses opposées, mais bien deux pôles

---

1. Attention : de *tendere ad*, application de l'esprit à un objet.
2. Ad. Franck. *Dict. des sciences philosophiques*, p. 121.

d'une même lumière ; une des conséquences de cette théorie les amenait à revêtir les émotions et les idéations de l'être humain d'un certain caractère de matérialité.

Au-dessus du corps physique visible, se meut le corps subtil, formé des éléments purs, et comprenant tout l'appareil mental (sens, intellect, conscience).

Il est à son tour animé par le corps causal, premier reflet de l'Atma, du Soi divin, du Logos.

Le corps subtil comprend les cinq sens physiques, les cinq forces psychiques qui meuvent les cinq organses externes, et les cinq médiums par lesquels opèrent ces cinq forces motrices.

D'autre part le corps physique est animé par certains organes que la science moderne appelle des plexus et que les Indous appellent *Chakrams* ou roues ; ils comptent sept de ces foyers d'énergie dans le corps humain :

Maladara Ch., ou plexus sacré.

Souadisthana Ch., ou plexus prostatique.

Manipuraka Ch., ou plexus solaire.

Anahata Ch., ou plexus cardiaque.

Viandha Ch., ou plexus pharynghien,

Agneyà Ch., ou plexus caverneux (1),

et *Sahasrarà Ch.*, ou glande pinéale (trou de Brahma).

Ce dernier foyer est le point où les énergies physiques se subliment pour fournir un aliment aux activités du corps subtil ; il est donc le point de départ et le point d'arrivée

1. *In Chandilly Upanishad.*, publié en Anglais par Tookaram Tatya, Bombay, 1893

du grand courant animateur du corps physique que Sankaracharya appelle Kundalini, et comme tel appartient au corps subtil où siège le mental et la conscience.

D'autre part le sens de la vue psychique (1) est localisé dans le plexus caverneux ; pour amener à la conscience les impressions de cet organe il suffit donc pour parler comme les Upanishads, de faire passer Kundalini par l'Agneya Chakram, c'est-à-dire en langue vulgaire, de concentrer par un acte volontaire toute la force nerveuse du corps au milieu des sourcils, point où se trouve le siège de la vision mentale (l'œil de Siva) ; on y arrivera d'autant mieux que l'on aura plus de force nerveuse en disponibilité, en abolissant toute autre perception (2).

« Le Yogi, dit Patandjali (3), voit les choses par *Pratibha*, c'est-à-dire par la lumière ou la connaissance produite instantanément par la conjonction de l'âme et de l'esprit, avant l'exercice de toute faculté raisonnante. »

C'est ce que nous allons étudier dans le paragraphe suivant.

---

1. Cet organe est appelé par les livres indous lumière de la tête, œil de sagesse, œil céleste, œil de Siva ; c'est le réservoir de la lumière *(Tejas)*, du feu qui anime tous les hommes *(Vaiswanara)*.

2. Remarquons d'ailleurs que le sens de la vue résume et contient tous les autres.
Cf. Man, *Fragments of forgotten hist.*, London, 1885, in-8.

3. *Yoga Sastra*, liv. III, 34 et sqq. Voir aussi pour les détails complémentaires le *Nyaya Siddhanta*, les *Sanhagya-Lakshmî, Dhyana-Bindou, Amrita-Bindou, et Tripura Upanishads*.

III. — LE MIROIR

La méthode précédemment donnée pour développer les sens psychiques est donc assez difficile à suivre. Elle exige tout d'abord une surveillance de tous les instants sur l'organisme astral, dont la sensibilité devient extrême dès que la volonté s'oriente vers l'Invisible ; il faut y apporter ensuite une grande constance ; c'est, en somme, une nouvelle vie qu'il faut mener, une nouvelle direction qu'il faut imprimer à l'esprit comme à l'inconscient.

Dans cette lutte perpétuelle avec les distractions de la vie ordinaire et avec les tableaux du monde physique, la volonté devra trouver des auxiliaires dans chacun des trois organismes que comprend l'être humain. L'homme intellectuel aura à mettre en jeu sa faculté de méditation, par laquelle il générera consciemment des idées ; l'Homme animique se développera en retranchant les émotions personnelles et en acquérant le pouvoir de ressentir les émotions de l'Universel ; l'Homme physique enfin devra fermer la porte aux sensations externes, par l'auto-hypnotisation.

Tout ceci paraîtra peu scientifique à des lecteurs occidentaux : il n'en est pas moins vrai que telles sont les strictes règles de l'éducation occulte suivies depuis les temps les plus reculés dont nous puissions acquérir la notion (1).

1. On peut trouver également des preuves de cette antiquité

En fait, le commençant devra, pour percevoir l'Invisible, s'abstraire du Visible : ce n'est que plus tard, lorsqu'un exercice long, patient et continué avec une persévérante ardeur, l'aura conduit à la maîtrise qu'il pourra être à la fois spectateur du monde occulte et du monde matériel.

S'abstraire du visible, c'est en perdre la conscience ; c'est dormir de cette sorte de sommeil physique, dont nos savants modernes ont redécouvert les variétés les plus rudimentaires sous le nom d'hypnotisme.

Parmi les sens au moyen de qui nous sommes en relations avec le visible, deux sont, de par la matérialité de leur objet, absolument sous le contrôle de la volonté: pour ne pas exercer le tact et le goût, il suffit en effet de rester immobile. On me pardonnera la naïveté de ces remarques : elles sont utiles, ne serait-ce qu'en montrant la simplicité des moyens employés par l'occulte pour des résultats « surnaturels » selon le vulgaire.

Quant aux trois autres sens, on peut les annuler en s'enfermant, comme les *Yogis*, dans le silence et l'obscurité d'une retraite souterraine.

Mais alors qu'arrive-t-il : c'est que la volonté en est réduite à tirer exclusivement toute sa force de *l'Invisible*, de l'astral, au moyen d'une concentration intellectuelle dont la puissance est bien au-dessus du pouvoir de la majorité des étudiants, même avancés.

dans les documents écrits, au moyen de l'astronomie, comme le font les savants indous actuels.

L'idéal serait donc de fournir au cerveau par le moyen des trois sens précités un adjuvant dont l'uniformité et la persistance n'apporteraient point de distractions à l'intelligence : ainsi le sens physique sera endormi, et la volonté trouvera de nouvelles forces pour s'exercer.

L'emploi de ces adjuvants est connu dès la plus haute antiquité : ce sont les parfums, la musique et la lumière. Les initiés égyptiens et indous les maniaient avec une science consommée pour le développement de leurs néophytes, et la tradition de ces pratiques se retrouve chez tous les peuples. Donner plus de détails serait sortir de mon sujet ; on trouvera d'excellentes vues, adaptées à l'intellect moderne, dans le *Traité de Magie pratique* de Papus (1).

Remarquons simplement ceci. Selon le tempérament du sujet (2) les anciens sages se servaient pour l'amener au sommeil magique de l'un de ses sens : il était préparé alors par l'ébranlement monotone des autres sens que j'ai indiqué plus haut, à une impression plus vive sur le sens voulu, déterminant « *l'hypnose* ».

C'est ainsi que celui qui voudra se développer en clairvoyance, assoupira tout d'abord son odorat par une fumigation appropriée, son oreille, par une musique d'un caractère spécial — tandis qu'à la demi-obscurité d'une petite lampe il fixera ses regards sur le miroir magique.

Ces longues explications amènent en somme à regarder

1. Ch. V. Maniement des Excitants.
2. Voir § 5.

le miroir magique comme un instrument destiné à absorber, à soutirer des yeux du sujet toute la lumière physique.

Mais ce n'est là que la première moitié de son action.

Nous avons vu combien était difficile et long le développement de la clairvoyance lorsqu'on ne peut mettre en rapport la sensibilité latente de l'« œil de Siva » qu'avec le milieu astral situé dans l'espace. Il semble que si l'on pouvait concentrer cette lumière astrale en un foyer, tout comme les miroirs concaves le font pour la lumière physique, la clairvoyance serait bien plus rapide. Une pareille condition se trouve réalisée par les miroirs magiques : en effet, partout où il y a concentration de lumière physique, il y a par cela même un foyer éthéré, un nœud de vibration du milieu générateur ; pour les miroirs sphériques le problème est donc résolu : placer l'œil du sujet en rapport avec le foyer astral, et au bout d'un temps plus ou moins considérable, selon le degré de concentration mentale ou de désir : c'est-à-dire selon la perfection avec laquelle la septième force astrale de notre corps aura pénétré la *Roue Ignée*, d'après ces conditions, dis-je — qui dépendent directement, je le répète, de la puissance de la volonté — la clairvoyance se produira : elle ne sera tout d'abord pas parfaite, ni même précise peut-être, mais un exercice continu et soigneux donnera progressivement aux organes astraux toute la sensibilité qu'ils sont capables d'acquérir.

Ainsi les miroirs sphériques, c'est-à-dire formés d'une portion de sphère, sont les plus puissants. Les disques plats ne possèdent que la propriété d'absorption : c'est pourquoi les disques magiques sont toujours de couleur saturnienne (1).

Telle est la plus simple explication que l'on puisse donner des effets du miroir magique. Résumons-la en quelques mots. Étant donnée une faculté latente de discerner la lumière astrale, pour arriver à ce résultat deux actions opposées constitueront le ternaire de cette opération :

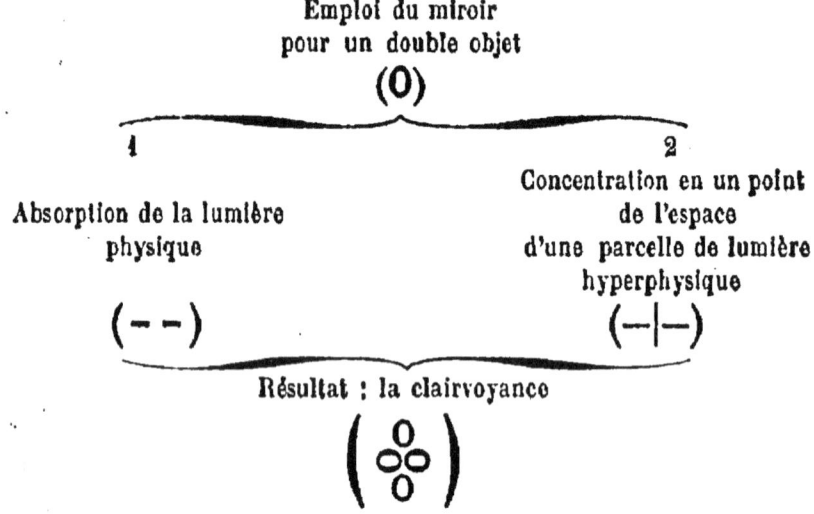

J'espère que la suite de ces pages éclaircira sans doute l'obscurité de ces explications, et le désir du lecteur fera le reste.

1. Voyez § 6.

CHAPITRE II

RÉALISATION

IV. — LES ROYAUMES DE L'ASTRAL

Essayons de pénétrer plus avant dans les mystères de cette Ame organisatrice universelle que nous avons reconnue précédemment ; essayons, guidé par l'analogie et par le récit des voyants, de décrire les cellules innombrables qui la composent, ses sphères, ses puissances, ses hiérarchies, tâche énorme, et que je n'aborde qu'en m'excusant.

Analogiquement, on peut écrire tout d'abord que l'Invisible est formé, comme le visible, de milieux et d'individualités, les uns comme les autres, peuvent être divisées en trois grands plans : le terrestre, le lunaire et le solaire(1).

En tant que milieux, on trouve dans chacun de ces trois plans les forces analogues à celles qui agissent en l'homme :

---

1. Voyez Alex. Saint-Yves. *Les Chefs de l'Orient*, La naissance et Papus : *l'Etat de trouble*. Paris, 1894, br. in-18.

attractives, répulsives, de projection, génératrices, réceptrices, d'adaptation et de synthèse.

Se rendre compte de visu de ce qu'ils contiennent demande un triple entraînement pour lequel bien peu d'hommes possèdent une mentalité assez puissante.

Pour se plonger dans les formidables courants de ces canaux cosmiques, il faut de toute nécessité une connaissance parfaite de leurs cycles, de leurs lois et de leurs qualités. Ce n'est d'ailleurs pas ici le lieu de faire cet exposé.

Considérés au point de vue des individus (1) les trois plans de l'Invisible peuvent être attribués, d'une façon générale, aux élémentaux, aux élémentaires et aux anges. De ces trois catégories d'êtres ceux avec lesquels nos contemporains croient entrer le plus facilement en relations ce sont les élémentaires, les âmes des morts : cela n'est vrai cependant que pour une fort petite part des phénomènes spirites. Les âmes des morts sont parfois liées à la terre par un désir non satisfait ; c'est à leur fils pieux d'abréger ces tourments. Les ancêtres viennent volontiers, dans le

---

1. Une analyse plus profonde fait voir le *milieu* à son tour formé par la réunion d'individus immensément nombreux : tels les atomes. Mais cette division dénote moins les habitudes de l'esprit occidental : j'ai donc cru devoir la maintenir.

Cette classification ternaire a été connue et développée de temps immémorial par les Indous : leurs 7 *Lokas* (lieux) sont décrits par les adeptes aryens ; mais, ne voulant donner que de brèves indications, je me suis borné aux notions courantes de la tradition occidentale.

cercle saint du foyer familial, lorsque leurs descendants les invoquent avec amour ; ils se rendent visibles aussi dans la coupe magique : mais qu'une vaine curiosité ne s'avise jamais de troubler leur repos.

Parmi les élémentaires, quelques-uns dont les énergies furent, au cours de leur vie terrestre, exclusivement consacrées à des buts égoïstes, tombent dans les orbes maudits du satellite sombre : là se pressent les vampires, les magiciens noirs, les Frères Inversifs, voués aux souffrances sans nom de la désintégration totale : là est réalisée la loi de mort dans son sens le plus absolu.

Détournons les regards du voyant de ces lieux d'horreur, et faisons-les pénétrer dans les royaumes de la vitalité terrestre, chez les élémentaux. Nous voici avec les esprits des éléments, les *Saganes* de Paracelse. Leur nombre défie le calcul ; tout être, dit la Kabbale, chaque herbe, chaque pierre a son esprit. Ce sont les manifestations, les puissances plastiques, les armées innombrables de la NATURE : les *Shadaïm*.

En voici de tristes, de grisâtres aux yeux glauques couchés dans le sein morne des étangs et des marais ; voici, se jouant sur la crête irisée des vagues, les tritons, les mermaids, les ondines capricieuses : amies de l'homme parfois, plus souvent dangereuses fascinatrices : formes merveilleuses de passions dont l'attrait jette l'homme sur les écueils du crime et de la folie.

Entendez-vous dans les cavernes souterraines les marteaux cristallins des gnomes et des kobolds malicieux ? Au profond des forges invisibles, les pygmées enferment de pures âmes dans le tombeau brillant des gemmes ; tandis qu'au-dessus d'eux, moitié aériens, moitié terrestres, les Trolles, les Nixies, les Brownies, familiers du Gallois superstitieux, se jouent au seuil de la chaumière.

Mais, le voyant admire descendre dans ce rayon de lune les formes aériennes des fées ; les plus suaves figures de l'art peuvent seules se comparer aux gracieuses sylphides qui convient les humains au doux régal de leurs lèvres ; le moyen âge tout entier, excédé des terreurs de la sombre mystique chrétienne, leva vers elle son cœur avide de sourires ; tandis que les rêveurs habitants de la Forêt-Noire — effrayés de leurs caprices et de leurs féminines perfidies — vénèrent avec un peu d'anxiété les elfes aériens.

Les plus élevés des élémentals cosmiques, les sujets ignés du roi Jehuel et de ses sept ministres vivent dans les sphères subtiles du feu. Les salamandres sont terribles, et proches des anges, leur vie est longue et leurs mœurs pures.

Ces quatre classes d'êtres correspondent aux trois règnes de la nature visible ; ils en sont les facteurs invisibles ; une hiérarchie aux degrés infinis les relie les uns aux autres ; d'après Paracelse, les saganes naissent, vivent, se marient et meurent (1) ; mais après le temps de leur existence terrestre, ils n'en conservent point conscience ; c'est pourquoi

---

1. Voir le *Comte de Gabalis*.

la tradition les considère comme mortels (1). — La conscience, et par suite l'immortalité ne devient possible que lorsque l'étincelle divine animatrice est arrivée au règne humain.

En général nous sommes invisibles aux élémentals, comme ils le sont eux-mêmes pour nous ; ils répondent toujours à notre appel, mais l'œil de chair ne peut les percevoir que s'ils trouvent dans le milieu extérieur une plasticité suffisante pour s'en revêtir.

Ils deviennent alors pour celui qui les a évoqués, soit des protecteurs, soit des obsesseurs (2).

1. C'est pourquoi il aspirent, surtout ceux des règnes inférieurs, à se rapprocher de l'homme. Voyez le même livre.
2. Dans l'Inde, les sorciers de basse caste les appellent comme mères, sœurs ou épouses. Voyez les notes de H.-S. Olcott à sa traduction de l'ouvrage *Posthumous Humanity* par d'Assier ; on trouve chez les Peaux-Rouges beaucoup d'exemples de ceci.

J'ajouterai enfin quelques mots à cette pneumatologie ; le lecteur studieux pourra tirer quelque profit de l'analyse hiéroglyphique des noms qui vont suivre.

La Kabbale appelle *Rouchin* les élémentaux mâles, et *Lilin* les femelles.

Les esprits du Feu sont gouvernés par *Jehuel* et sept ministres; ceux de l'Eau, par *Michel* et sept ministres ; ceux de Terre et d'Eau ont pour prince *Asmodée*. *Ruchiel* et trois ministres gouvernent les esprits des vents : *Gabriel* ceux du tonnerre ; *Nariel* ceux de la grêle, les gnômes des rochers obéissent à *Maktuniel*; ceux des arbres fruitiers à *Alpiel*, et ceux des autres arbres à *Sarael*, *Mesannabel* est le roi des esprits des vers ; *Hariel* et trois ministres gouvernent ceux du bétail. Les créatures de la terre et de l'onde vivent sous la dépendance de *Samniel* ; et les oiseaux sous celle d'*Anpiel*.

Mais, pendant cette nuit de lune montante, envoyons le clairvoyant au delà des sphères de vie infrahominales ; plaçons-le en observation dans les vagues de l'éther subterrestre, dans cet océan de force qui vitalise notre planète. Ses yeux éblouis s'extasieront devant la gloire de ces régions inconnues ; il verra, parmi les âmes des justes, flottant sur les ondes harmonieuses de la symphonie cosmique, les Ælohims, les soleils secondaires se mouvoir ; il percevra au sein des vagues gigantesques de la spirale terrestre les génies planétaires bénir les génies des peuples de leurs influences bienfaisantes, tandis que, selon les doubles courants hermétiques, les âmes descendent et remontent sans fin, sur les vagues du Feu céleste.

Mais pour ces sublimes spectacles, il faut des spectateurs purs ; il faut une âme sans tache et une volonté irréductible ; nous touchons là aux mystères *sacrés* de l'extase. — Aussi de telles recherches, ne conseillerons-nous pas de les entreprendre avant des années et des années de travail incessant (1). — Bien ample est déjà le champ offert à l'exploration de l'étudiant s'il sait se borner au domaine de la clairvoyance physique, et à l'étude des royaumes astraux les plus extérieurs.

Telles sont quelques-unes des données les plus courantes de la tradition d'Occident sur les êtres de l'astral ; nous allons montrer au lecteur un autre aspect du même sujet en esquissant à ce propos une brève compilation des théo-

1. Pour les réaliser, des instruments et des rites spéciaux sont nécessaires, dont il ne nous est pas permis de parler ici.

ries indoues contenues dans les *Vedas* et les *Pouranas* (1).

Il y a d'après le *Rig-Veda* (IX, XVI, 20), cinq ordres de choses créées ; ce sont les Dieux, les Hommes, les Grandharvas, les Serpents et les Pitris (esprits, ancêtres) (2). Ce sont les êtres de la troisième et de la dernière classe que nous avons plus particulièrement en vue.

On sait qu'une des théories fondamentales du Védantisme enseigne que Prakriti (la matière primordiale), différenciée se revêt de trois qualités (les Gunas) (3). La première s'appelle Lumière (Sattva) distinguée de l'inertie, elle est illuminatrice et rend les choses manifestes ; la seconde s'appelle Passion (Radjo-Guna), elle cause l'attraction et le mouvement; la troisième est ténébreuse (Tamas), elle est inerte, obscurante, compressive.

Tous les êtres possèdent ces trois qualités à des degrés divers et c'est leur distinction qui a servi à différencier les diverses classes des êtres invisibles ; Isvara Krishna en compte huit (4). *Sankhya-Karika*: (LIII), qu'il qualifie (*Ibid.*, LIV), avec la *Bhagavat-Gita* (IX, 25 et XVII, 4), et *Manu* (XVII,

---

1. Nous avons fait de larges emprunts à la brochure érudite intitulée *Bhutas, Pretas et Pis'achas* par R. Ananthakrishna Shastry, Madras, 1895.

2. In *Comment.*, de Sayana. Le *Vishnou-Pourana* donne (liv. I, ch. V) une description de ce quinaire.

3. *Devi Bhagavata*, III, VIII, 4. Pour les définitions voyez *Bhagavat-Gita*, XIV, 6, 7, 8, et Isvara Krishna.

4. Énumérés par son commentateur Gaudapada. — Amara Sinha développe cette classification dans le *Namalinganusasane*, I. XI.

44, 47, 49, 50), comme l'indique le tableau suivant qu'on voudra bien lire ainsi qu'une table de Pythagore.

GUNAS	SATTVA	RADJAS	TAMAS
Sattva	Brahma Pradjapati Viradj	Devas Soma (Pitris)	Créatures visibles
Radjas	Gandharvas Yakshas	Créatures visibles	id.
Tamas	Rakshasas Pisachas	id.	id.

Voici, d'après des autorités plus modernes (2), quels sont les différents ordres d'existence autour de nous :

a) *Rupas-Devas* : esprits planétaires en relation avec le Rupa-Loka. Ils sont formels.

b) *Arupas-Devas* : les esprits planétaires les plus élevés, dirigeant l'Arupa-Loka, ils sont sans forme et purement subjectifs.

1. Man. ; fragments, etc. p. 131 et *sqq*.

c) *Pisachas* : coquilles qui subsistent dans le Kama-Loka après le passage de l'Ego en Devachan (1).

d) *Mara-Rupas* : coques à attractions matérielles anormales, dont la vie spirituelle et psychique, étant complètement nulle, ne peut les mener jusqu'en Devachan.

e) *Assuras* : élémental à formes humaines.

f) *Bêtes*, élémentals du dernier rang, appartenant aux diverses classes d'animaux ou de forces naturelles. Ces êtres se développeront plus tard, avec les précédents, jusqu'au niveau humain.

g) *Rakshasas* : (démons) âmes ou formes astrales de sorciers, d'hommes qui ont atteint les limites de la connaissance défendue. Morts ou vivants, ils ont violé la Nature.

Ces différents noms désignent simplement les états d'existence (*Karika*, XLVIII, comment.) de la divine étincelle qui évolue à travers les quatre règnes astraux, les trois règnes physiques pour conquérir avec l'humanité le don terrible et précieux de son libre arbitre; au-dessus de lui s'élèvent les royaumes lumineux des Devas, au-dessous ceux des enfants de Siva (2).

1. *Pisachas* vient de *Pisata* chair, et de *as* manger; ce sont des entités malfaisantes; les *Pretas* (âmes désincarnées) leur sont analogues ainsi que les *Bhutas*; mais ces derniers cessent leurs obsessions dès qu'on a satisfait à leurs désirs.

2. Siva est le créateur des esprits de l'ombre (*Kalki Purana* XXXI, 88); ces esprits forment 26 cercles, féminins pour la plupart, et qui comprennent trois grandes divisions :

1º Les Balagrahas, fauteurs des maladies infantiles; leur chef est Subramaniah, le plus jeune fils de Siva.

2º Les Pramathadi Ganas, qui s'opposent aux bonnes résolu-

Ces êtres de l'astral ont des corps, — mais non conditionnés par le Karma (1), — plus ou moins lumineux, plus ou moins beaux ou laids suivant leur spiritualité ; ils peuvent d'ailleurs se perfectionner en contemplant Brahman (*Tchandogya Upanishad*, VIII, vii, 3).

Tous ces invisibles ont le pouvoir de possession ; bénéfique chez les supérieurs, maléfique chez les autres ; on peut échapper à leur emprise ou se les rendre favorables en les honorant.

On honore ceux de la première classe en contemplant l'Atma ; ceux de la deuxième par l'extinction des désirs ; de la troisième par l'action ; les Gandharvas sont sensibles à la musique, aux parfums et aux fleurs ; les Yakschas procurent les biens temporels ; les Rakschasas se repaissent de la vapeur du sang versé par la fureur guerrière, on les écarte par des Mantrams ; enfin on se délivre des élémentaires en leur offrant des boules de riz, en accomplissant leur désir ou par les rites de magie noire (2).

---

tions et aux entreprises bénéfiques ; leur chef est le fils aîné de Siva, Vinayaka.

3° Les Matrikas et les Baghinis, élémentals femelles, les plus hideux de tous, gouvernés par Parvati, l'épouse de Siva.

Il est de ces classes d'esprits qui président sur les cadavres, (*Kalica Purana*, ch. 49), sur les œuvres de morts, etc. (*Bhagavata*, X, ch. 63, Y, xi).

1. Vyasa. *Vedanta Sutra*, I, iii, 26-43.
2. Shad Karma Dipika.

V. — LES VOYANTS

Lorsqu'on se propose d'instituer des expériences de ce genre, il ne suffit pas d'en connaître une théorie générale ; il faut encore l'adapter au cas particulier que l'on a en vue. C'est pourquoi, après avoir expliqué le mécanisme de la clairvoyance, nous allons résumer en quelques lignes les modifications que l'on doit faire subir au procédé général d'entraînement, suivant la personne à laquelle on l'applique.

Tout le monde n'est pas également apte à la clairvoyance : il y a là des variations de milieu (vie, habitat, etc.), de naissance et d'habitudes.

Astrologiquement, l'érection de l'horoscope permet d'établir le tempérament du sujet de façon assez précise pour indiquer jusqu'à quel degré les sens psychiques sont développables en lui. Nous chercherons ces caractères dans les influences des planètes supérieures, Uranus et Neptune, qui ne s'affirment que dans des cas exceptionnels et chez des individus fort en avance sur le reste de la race actuelle.

« Lorsque Neptune est puissant, ses aspects avec le Soleil et la lune tendraient grandement à produire de la clairvoyance. Neptune ne doit être considéré comme actif dans l'état d'avancement actuel de l'humanité que lorsqu'il se trouve près de la pointe des maisons I, X, VII et IV, c'est-à-dire lorsqu'il est angulaire, et son influx par conséquent puissant. » (1).

De même « Raphaël (2) prétend avoir observé que les quadratures et les oppositions d'Uranus avec Saturne tendent à produire la clairvoyance ».

Il existe encore bien d'autres positions de planètes inclinant le sujet vers l'éclosion de ces facultés ; on les trouvera indiquées dans les deux excellents traités modernes d'astrologie déjà cités.

Mais il n'est pas toujours loisible de recourir à l'érection du thème généthliaque — opération minutieuse et longue — surtout lorsqu'une expérience rapide doit être faite. En ce cas, on peut se servir pour classer le sujet de la théorie des quatre tempéraments (3) ; ce n'est point là un système sèchement analytique, c'est une vivante et féconde adaptation du Grand Arcane du Verbe aux formes du visage humain : elle donne de merveilleux résultats aux devins intuitifs.

Remise au jour tout récemment, cette méthode était connue des maîtres. — Eliphas Levi a classé, dans un de ses livres, les facultés magiques de ces quatre tempéraments : le Nerveux est prédisposé à la clairaudience et à la géomancie ; le Bilieux peut plus facilement évoquer des for-

---

1. Selva. *Traité d'astrologie généthliaque.* Voyez aussi le traité d'Abel Haatan, *Astrologie judiciaire.* Paris, Chamuel, 1895, in-8.
2. *Guide to Astrology.*
3. Voyez la brochure de ce nom, par Polti et Gary.

mes ou en déterminer ; le Sanguin est plutôt développable en psychométrie ; et le Lymphatique clairvoyant (1).

Dans le cours de nos expériences nous avons pu remarquer que les sujets les plus naturellement disposés au développement des facultés magiques ont les yeux et la chevelure de couleur différente.

Enfin, dernière et importante recommandation : rappelons-nous toujours que nos activités génèrent dans l'Invisible des formes à notre image : belles si elles sont nobles, hideuses si elles sont égoïstes ; les formes horribles que l'on aperçoit généralement au début des expériences ne sont que l'image symbolique des laideurs de l'âme, dont il aurait fallu tout d'abord se débarrasser.

VI. — CLASSIFICATION DES MIROIRS

En remontant le cours des âges, le document écrit le plus ancien que nous trouvions sur les miroirs magiques ce sont les indications de Moïse concernant l'Urim et le Thumim. Cette assertion peut paraître hasardée au premier abord, quand on se rappelle le désaccord des commentateurs sur ce sujet. Philon le Juif y voyait l'image des quatre animaux symboliques (2) ; d'autres les identifiaient

---

1. Faisons remarquer, pour ne pas dérouter les étudiants, que la nomenclature d'Éliphas Levi ne correspond pas aux termes de Polti et Gary : un peu d'habitude en fera vite apercevoir la raison.

2. Voyez Gaffarel (*Curiosités inouyes*).

« Il dit donc (Philon le Juif), parlant de l'histoire cachée dans

avec les douze pierres de l'éphod, ou comme Eliphas Levi avec les deux onyx placés en guise d'agrafes sur les épaules du grand prêtre (1). On a cru y reconnaître le Nom incommunicable, les noms des douze tribus : cependant le simple examen du texte biblique montre qu'aucune de ces explications ne satisfait pleinement.

Voici, par contre, la révélation que nous trouvons dans l'*Art Magic*, présentée dans le cristal par un génie planétaire.

« La meilleure et la plus ancienne méthode de divination est celle du Cristal ou de l'*Urim* et du *Thoummim*.

« Son origine était céleste, et les inspirations, les visions et les communications reçues au moyen du cristal par un homme saint et pur, étaient purement divines et dégagées de toute influence humaine. L'emploi du cristal dans les temps modernes est presque aussi puissant que l'Urim et le Thummim des Juifs. Et entre les mains d'un sujet clairvoyant, ses révélations sont infaillibles.

« Les esprits n'apparaissent pas effectivement dans le cristal, mais le voyant reçoit une aide magnétique pour pénétrer pro-

---

le chapitre susdit des Juges, que Nichas fit de fin or et argent trois figures de jeunes garçons et trois jeunes veaux, autant d'un lion, d'un aigle, d'un dragon et d'une colombe : de façon que si quelqu'un l'allait trouver pour savoir quelque secret touchant sa femme, il interrogeait la colombe ; si, touchant ses enfants, par le jeune garçon ; si, pour des richesses, par l'aigle ; si pour la force et la puissance, par le lion ; si, pour la fécondité, par le cheval ou veau ; si, pour la longueur des jours et des ans, par le dragon. » (Cité par El. Levi).

1. *Rituel*, p. 336.

fondément le monde spirituel au travers du translucide de l'instrument, par cette voie il (ou elle) est amené à un contact très intime avec les esprits qui peuvent volontiers converser avec des mortels. »

L'analyse hiéroglyphique des mots hébraïques confirme cette manière de voir. *Thommim* a pour racine *T M*, « le signe des signes, le symbole de toute perfection,... image accomplie de l'âme universelle ». D'autre part, le pluriel *I M* signifie la manifestation passive universelle : l'idée générale est donc celle de réflexion, d'image reçue et rendue fidèlement, d'eau miroitante : le cristal magique.

De son côté *Aourim* est la manifestation générale de la lumière : sens qui, matérialisé, aboutit à celui de miroir réflecteur.

Quoi qu'il en soit, je n'insisterai pas davantage, ne voulant pas imposer d'opinion.

Aux Indes, actuellement encore, les *Tshelas*, « étudiants initiés », se servent dans les cryptes des temples, de miroirs en or.

L'antiquité historique a connu une grande variété de miroirs métalliques, employés tant pour la magie noire que pour la blanche.

« Les Sagas de la Thessalie traçaient jadis sur des miroirs leurs formules sybillines avec du sang : aussitôt la lune — autre miroir — réfléchissait ces caractères sanglants, puis la réponse s'imprimait d'elle-même sur son croissant argenté. C'est ainsi qu'était rendu l'oracle. » (1).

1. Stanislas de Guaïta, *Temple de Satan*, p. 367.

Au Japon, les miroirs sont de très grandes dimensions, en jade ou en toute autre pierre d'un poli parfait : on peut en voir de très beaux spécimens au musée Guimet.

Papus a décrit dans une conférence faite au Groupe Indépendant d'études ésotériques, un miroir magique rapporté de l'Inde par le peintre James Tissot. Il se compose essentiellement d'une sphère de cristal éclairée sur laquelle le sujet fixe ses yeux.

Les magiciens du moyen âge se servirent surtout de miroirs métalliques, en étain ou en cuivre. Le cristal de Sainte-Hélène fut aussi employé par eux ; nous donnerons plus loin sa consécration. Le célèbre Nostradamus n'était point astrologue mais bien voyant : toutes ses prophéties lui furent présentées dans le miroir. Un des occultistes les plus éminents de la Renaissance, le docteur John Dée reçut des esprits une pierre magique très précieuse (1) : les manuscrits conservés dans la bibliothèque Cottonienne nous en parlent comme d'un cristal ; d'autres auteurs le représentent comme un morceau de charbon circulaire, parfaitement poli, muni d'une poignée. Il se trouvait en 1842 chez Horace Walpole à Stawberry Hill, il fut vendu 336 francs à un acquéreur resté inconnu (2).

Parmi les miroirs noirs, on peut citer le *Mandeb* arabe, dont on verra plus loin le procédé ; le miroir de du Potet : constant en un cercle tracé et noirci au charbon sur le

---

1. Voyez l'excellente *Vie de Jean Dée*, publiée dans *L'Initiation* (Décembre 93 à avril 94) par notre regretté frère Albert Poisson.
2. *Art Magic.*

plancher (1); parmi ceux qu'inventèrent les élèves de ce puissant magnétiseur, voici l'un des meilleurs : un morceau de carton ovale, d'environ dix centimètres de long, recouvert d'un côté d'une feuille d'étain, de l'autre d'un morceau de drap. L'opérateur magnétise fortement ce miroir, et lorsqu'il en trouve l'occasion « il le prend dans sa main droite ; collé contre la paume de la main, ses doigts entourant les bords comme autant de pointes magnétiques par lesquelles s'échappe le fluide, il présente ce miroir d'un côté ou de l'autre, à environ un pied de distance de la racine du nez ; dix minutes de fixité environ suffisent pour obtenir la vision, si elle doit avoir lieu » (2).

Miroir de Swedenborg. — Cahagnet décrit ce miroir dans les *Arcanes de la vie future* et dans la *Magie magnétique* : il fut révélé par un esprit qui se donnait comme celui de l'illustre voyant suédois, à la somnambule de Cahagnet. Voici comment on peut le construire :

« On prend une quantité quelconque de mine de plomb, tamisée bien fine, qu'on délaie (dans un vase convenable pouvant aller sur le feu) avec une suffisante quantité

---

1. M. Edmond Bourdain publie (*Paix universelle* du 10 janvier 95 et *Progrès spirite*, 1er février) le récit d'expériences spirites réalisées avec le miroir de du Potet : les esprits évoqués faisaient apparaître dans le cercle noirci les réponses aux questions posées.

Voyez également des récits d'évocations des morts, faites aux Indes, dans des flacons remplis d'encre. *Theosophist*, août 1882, mars 1883, décembre 1884.

2. Cahagnet, *Magie magnétique*, p. 82.

d'huile d'olive de manière à en former une pâte assez claire ; on met cette préparation sur un feu doux pour mieux en faciliter la mixtion ; on prend une glace ordinaire (sans être étamée) qu'on approche doucement du feu pour la préparer à recevoir la mixtion sans éprouver une transition qui puisse la faire casser ; on la place à plat sur deux morceaux de bois puis on verse la pâte préparée sur une de ses faces, en la penchant de côté et d'autre afin de donner la facilité au liquide d'en couvrir également toutes les parties, ce qui est préférable à se servir d'un pinceau qui laisserait des sillons qui en dépareraient l'uniformité. Si cette pâte se trouvait être un peu claire, on la saupoudrerait de la même mine de plomb tamisée sur le tout, ce qui ferait un amalgame plus compact.

« Cette glace étant ainsi préparée on la pose à plat horizontalement sur un meuble et on ne s'en sert que quelques jours après, étant placée dans un cadre approprié à cet effet. Ce miroir a l'avantage, sur ceux étamés de moins fatiguer la vue sans rendre une image parfaite des objets ; on a soin de la placer dans un endroit de manière à ce qu'il ne reflète pas l'image de la personne qui veut le fixer. Je me sers de ce miroir comme de tous ceux dont je t'ai parlé, en me tenant derrière le consultant, le fixant magnétiquement vers le cervelet (au-dessus de la fossette du cou avec l'intention que le fluide que je projette sur lui par mon regard aille joindre le sien pour l'illuminer. Je prie également mentalement l'ange commis à la garde de cette personne, de lui faciliter cette vision s'il le trouve convenable. J'ai obtenu avec ce miroir les mêmes résultats qu'avec les autres. » (1).

On trouvera dans l'*Almanach du Magiste* de 1894 le récit d'expériences faites avec un miroir formé par un disque de bois légèrement carbonisé. Voici comment l'expérimentateur rend compte de ses visions :

« Après quelques minutes de fixité, la surface du miroir se voile et se couvre d'une légère vapeur blanchâtre. Peu à peu, cette vapeur augmente et se transforme en une sorte de lumière bleuâtre et phosphorescente. Elle se répand même sur les objets environnants, auxquels elle communique un éclat particulier : A la fin, elle roule en gros nuages qui traversent rapidement le champ du miroir. C'est alors seulement que les formes se montrent et que je distingue parfois très nettement ce que je désire apercevoir. »

Parmi les miroirs lumineux on peut citer le miroir de Cagliostro, le miroir de Sainte-Hélène, le cristal ou miroir magnétique, le miroir narcotique dont l'eau est obtenue par la distillation de plantes magiques, etc., etc. (2).

« Soit carafe pleine d'eau limpide, ou encore boule de

---

1. *Magie magnétique*, p. 83. — Cahagnet a également réédité les miroirs métalliques de l'antiquité sous le nom de miroirs galvaniques, composés de cuivre et de zinc, soigneusement passés au brunissoir. Cet appareil est très puissant ; son magnétisme est positif, électrique.

2. On trouvera dans Ragon, *Maçonnerie occulte*, des détails sur les disques magnétiques qu'un expérimentateur intelligent pourra sans peine faire servir aux expériences de lucidité.

cristal magnétisée; c'est dans de pareils milieux, très réfringents pour la lumière astrale que Cagliostro faisait longuement flotter le regard de ses *colombes*. Il nommait ainsi de jeunes garçons encore innocents, ou des fillettes qui jouaient le rôle de *voyants passifs*, tandis qu'il les tenait sous l'irradiation de son vouloir magnétique. Ces petits êtres voyaient alors se dérouler la chaîne des futurs contingents, sous forme d'une série d'images évidemment sibyllines, sortes de prophéties concrètes, qui n'attendaient plus que leur traduction en langage démotique. Les colombes s'exprimaient par exclamations. Soudain Cagliostro d'une voix inspirée et vibrante, improvisait un commentaire oratoire ou dithyrambique, et les âmes les plus railleuses et les esprits les plus sceptiques étaient alors subjugués. » (2).

Enfin le *Comte de Gabalis* donne pour attirer les esprits des éléments la recette de quatre sortes de tiroirs mystiques. Pour attirer les salamandres on prendra des globes de verre remplis du feu du monde concentré pendant quarante jours ; pour attirer les sylphes, d'autres sphères remplies d'air conglobé ; pour les ondins, on remplira ces vases d'eau, et de terre salarisée pour les Gnômes. Nous confions à la perspicacité du lecteur la tâche de découvrir la signification réelle de cette recette.

On voit que les miroirs peuvent être classés de la façon suivante :

1. Stanislas de Guaïta. *Le Temple de Satan*, p. 342.

Disques et instruments de couleur noire — *Miroirs saturniens* (1).

Vases et cristaux remplis d'eau — *Miroirs lunaires*.

Portions des sphères métalliques — *Miroirs solaires*.

— Les premiers conviennent mieux aux jeunes garçons, les seconds aux femmes ; les derniers sont plutôt synthétiques, et s'adressent aux voyants dépourvus de directeur.

Chacune de ces grandes classes peut à son tour se diviser en quatre genres, appropriés aux divers tempéraments de ceux qui sont appelés à s'en servir. On peut en varier la composition, les adapter soit aux quatre tempéraments zodiacaux, soit aux sept planétaires : ceci est facile à faire lorsqu'on est un peu versé dans la théorie des correspondances.

— Telles sont les principales variétés de miroirs magiques. L'expérimentation peut en faire trouver beaucoup d'autres ; nous laisserons aux chercheurs le plaisir de ces découvertes.

---

1. Nous avons avec intention laissé de côté toute la théorie étudiant la dimension du miroir, sa courbure, son mode de maniement, — attendant pour cela des expériences plus complètes.

CHAPITRE III

ADAPTATION

VII. — LA PRATIQUE

La règle fondamentale de toute expérience occulte — et celles dont il est ici question, possèdent ce caractère au plus haut degré, — est de ne jamais se servir d'aucun objet avant de l'avoir consacré, de ne jamais rien commencer sans une invocation à l'invisible.

Ainsi, toute tentative de clairvoyance devra être précédée d'une consécration de l'instrument. Nous allons énumérer et décrire quelques-uns de ces rites en commençant par le plus simple.

Lucidité au verre d'eau. — Papus recommande le procédé suivant, applicable dans un salon mondain aussi bien que dans le silence de l'oratoire (1) :

« Le miroir magique le plus simple se compose d'une

---

1. *Almanach du Magiste*, p. III, et *Traité de Magie pratique*, passim.

coupe *en cristal* (et non en verre) remplie d'eau jusqu'au bord et posée sur une table recouverte d'un linge blanc. Derrière la coupe, on place deux bougies et tout est prêt pour l'opération. Cette opération nécessite le concours de deux personnes : un sujet et un directeur.

« Le sujet s'assied en face de la coupe de manière à bien voir la surface horizontale de l'eau.

« C'est alors que l'opérateur s'approche et restant debout, place sa main droite étendue sur la tête du sujet en faisant appel par trois fois à *Anael*, l'ange qui préside à cette opération.

« Au bout d'une minute (en cas de réussite) le sujet voit l'eau bouillir : puis, les couleurs du spectre apparaissent, et enfin des visions se manifestent et des réponses aux questions mentales sont données. »

Miroir métallique. — Voici le rite de consécration employé par les magistes occidentaux du moyen âge tel que le donnent plusieurs manuscrits des *Clavicules* (1).

« Prenez une plaque luisante et bien polie, d'acier légèrement concave, et écrivez dessus avec le sang d'un pigeon mâle, blanc, aux quatre coins du miroir les noms :

Jéhovah	Elohim
Mittatron	Adonay

et mettez ledit acier dans un linge neuf, très propre et

---

1. Ce que nous allons transcrire est tiré des manuscrits de la bibliothèque de Papus, et se trouve reproduit dans le *Traité de Magie pratique*, p. 308 et suiv.

ADAPTATION

blanc. Lorsque vous apercevez la lune nouvelle à la première heure après le soleil couché, approchez-vous d'une fenêtre, regardez le ciel avec dévotion, et dites :

> O Eternel ! ô Roi éternel ! Dieu ineffable qui avez créé toutes choses pour l'amour de moi, et par un jugement occulte pour la santé de l'homme, regardez-moi, N..., votre serviteur très indigne, et considérez mon intention pure. Daignez m'envoyer votre ange ANAEL sur ce miroir qui mande, commande et ordonne à ses compagnons et à vos sujets que vous avez faits, ô tout-puissant qui avez été, qui êtes et qui serez éternellement ; qu'en votre nom ils prient et agissent dans la droiture pour m'instruire et me montrer ce que je leur demanderai.

« Ensuite, jeter sur des charbons ardents le parfum convenable qui est le safran oriental et en le jetant, dites :

> En ce, pour ce, et avec ce que je verse devant votre face, ô mon Dieu qui êtres tri-un, bon, et dans la plus sublime élévation, qui voyez au-dessus des chérubins et des séraphins et qui devez juger les siècles par le feu, exaucez-moi.

« Dans cet instant, on parfume le miroir en le mettant sur un réchaud neuf de terre cuite ou de fer afin qu'il se trouve imprégné de la fumée dudit parfum, en le tenant de la main droite et disant trois fois l'oraison précédente.

« Après l'avoir dit, soufflez trois fois sur le miroir et dites :

> Venez, ANAEL, venez, et que ce soit votre bon plaisir d'être en moi par votre volonté, au nom du Père Tout-Puissant ✝,

au nom du Fils très sage +, au nom du Saint-Esprit très aimable + ; venez Anael, au nom du terrible Jéhovah, venez Anael par la vertu de l'immortel Elohim, venez Anael par le bras du tout-puissant Metatron, venez à moi N... (*Dites-votre nom sur le miroir*), et commandez à vos sujets qu'avec amour, joie et paix, ils fassent voir à mes yeux les choses qui me sont cachées. Ainsi soit-il: *Amen.*

« Après avoir fait cela, élevez les yeux vers le ciel et dites :

Seigneur Tout-Puissant, qui faites mouvoir tout ce qui vous plaît, exaucez ma prière et que mon désir vous soit agréable ; regardez s'il vous plaît, Seigneur, ce miroir et bénissez-le, afin qu'Anael, l'un de vos sujets, s'arrête sur lui avec ses compagnons pour satisfaire N..., votre pauvre et misérable serviteur, ô Dieu béni et très exalté de tous les esprits célestes, qui vivez et régnez dans l'éternité des bons. Ainsi soit-il.

Quand vous aurez fait ces choses, faites le signe de la croix sur vous et sur le miroir, le premier jour et les suivants, pendant quarante-cinq jours de suite, à la fin desquels ANAEL apparaîtra sous la figure d'un bel enfant, vous saluera et commandera à ses compagnons de vous obéir.

Remarquez qu'il ne faut pas toujours quarante-cinq jours pour parfaire le miroir ; souvent l'esprit apparaît le quatorzième jour. Cela dépend de l'intention, de la dévotion et de la ferveur de l'opérateur.

Par la suite, lorsque vous souhaiterez voir dans le miroir et obtenir ce que vous voudrez, il n'est pas nécessaire de réciter toutes les oraisons susdites ; mais après avoir parfumé le miroir, dites :

Venez Anael, sous votre bon plaisir, etc... jusqu'à Amen.

L'opération terminée, vous renverrez l'esprit en disant :

Je vous remercie, Anael, de ce que vous êtes venu et que vous ayez satisfait à ma demande ; allez-vous-en en paix et venez lorsque je vous appellerai.

Le parfum d'Anael est le safran.

MIROIRS SATURNIENS. — Les disques et miroirs de ce genre ne pouvant rendre visibles que des esprits inférieurs ou mauvais, ou des objets physiques, il n'existe pas pour eux de consécration spéciale.

MIROIR DE SAINTE HÉLÈNE. — Faites une croix dans un cristal avec de l'huile d'olive, et sous la croix écrivez *Sainte-Hélène*. Ensuite, donnez à un enfant, vierge, né du légitime mariage la fiole à tenir, puis vous vous mettez à genoux derrière lui, et dites trois fois l'oraison suivante :

Deprecor. omina Helena, mater regis Constantini, etc.

Lorsque l'enfant verra l'ange; il pourra lui faire telle demande qu'on voudra (1).

*

1. *Le petit Albert*, et divers autres grimoires.

FORMULE DE NOSTRADAMUS. — Fréquemment employée avec succès dans des évocations d'esprits planétaires ou autres par des adeptes du xix⁰ siècle, ce rite est un des plus élevés et des plus purs de ce genre. Seul, le rite secret des *Tshelas* indous lui est supérieur (1). S'étant procuré une pierre bonne et claire, en laquelle aucun esprit n'ait encore été appelé, le voyant devra la déterminer pour tous usages, *sauf de mauvais*. Je ne veux pas dire qu'il devra se proposer de l'employer seulement pour de bons usages, car beaucoup de questions frivoles et futiles pourront être faites, qui feront servir la pierre à la connaissance des choses mondaines. Mais qu'il prenne la résolution de ne pas l'employer pour des usages mauvais ou impies ; il la dédiera ensuite par une fervente prière à Dieu.

N'employez pas de médiateur pour cette prière, mais avec fermeté, avec humilité, espérez que Dieu vous mettra en possession d'un esprit gardien par qui vous obtiendrez dans la suite les visions désirées.

Ceci étant fait, inspectez le cristal, et avant de demander à voir quelque vision, demandez le nom de votre esprit gardien ; ayant obtenu ce nom, demandez à voir l'ange ; quand il apparaîtra, demandez-lui de vous donner quelque avis qu'il jugera convenable. Demandez-lui les jours et heures où il voudra apparaître, et aussi les temps où vous pourrez appeler d'autres esprits. Demandez-lui de vouloir bien garder votre cristal, d'empêcher les mauvais esprits

---

1. *Art Magic*, p. 420 et suiv.

d'y apparaître, et de vous donner à temps avis s'il en arrivait pour vous attaquer — afin que vous ou lui puissiez vous défendre.

Tout ceci étant convenu, rendez-lui la liberté ; à la première évocation, il ne doit pas être retenu plus d'une demi-heure.

Quand vous l'évoquerez pour la seconde fois, exorcisez-le par trois fois, avec une volonté ferme et déterminée, avant de lui adresser aucune question. S'il ne s'évanouit point, vous pouvez dès lors compter absolument sur lui.

Vous pouvez dès lors continuer les évocations aussi longtemps qu'il sera possible, selon votre convenance et celle de l'ange ; s'il désire s'en aller, il peut le faire sans renvoi ; *mais* faites soigneusement attention à ne pas oublier le « renvoi » après avoir fini une nuit.

Quand vous invoquez quelque esprit atmosphérique ou de degré inférieur, comme ceux des morts, employez toujours la formule : *Si cela vous est convenable et agréable*, ou *Selon votre plaisir*. Faites cela plus particulièrement quand vous vous adressez à l'esprit d'une personne vivante. Ces mots ne sont pas nécessaires quand il s'agit du gardien ou d'un esprit de haut grade.

Par-dessus toutes choses, il vous est recommandé de ne pas employer cet Ange à n'importe quelle fin ; n'en faites pas directement ou indirectement un moyen pour gagner de l'argent. Il peut paraître continuer ses services avec douceur pendant quelque temps ; vous pouvez en obtenir les informations et les visions que vous désirez ; mais les conséquences fatales et lamentables de nos demandes inconsidérées arriveront tôt ou tard.

Lorsqu'enfin vous êtes en possession d'un bon cristal, ayez confiance en lui, et assurez-vous par toutes les voies de sa véracité. Vous pouvez aussi employer un miroir, ce qui est de beaucoup le meilleur.

Le miroir est employé de la même manière que le cristal ; mais ses visions sont de grandeur naturelle (1) et par la baie qu'il ouvre sur le monde spirituel, il permet de se mettre plus intimement en rapport avec l'esprit auquel on s'adresse.

De tous les modes de divination, celui-ci est le plus facile et le meilleur ; ses informations sont d'abord lentes et grossières, mais petit à petit vous êtes amené par lui jusqu'au summum de toute connaissance humaine sur des sujets spirituels.

> L'Appel. — « Au nom de Dieu tout-puissant, en qui nous vivons, nous nous mouvons et avons notre être, je supplie humblement l'Ange Gardien de ce miroir d'apparaître. »

Quand il est venu, vous pouvez lui poser vos questions, et en obtenir des renseignements, comme par exemple le moment où il vous permettra de l'appeler de nouveau, et pour combien de temps.

Pour une Vision. — Au nom etc..., je supplie humblement

---

1. Il s'agit ici d'une sorte particulière de miroir, non encore décrite, et dont nous laissons la découverte à l'intuition des étudiants (P. S.).

l'esprit de ce miroir de me favoriser d'une vision qui m'intéresse et qui m'instruise etc... (*Nommer la vision*).

Pour voir une personne. — Au nom, etc., je te prie N.., d'apparaître en ce miroir, si cela te convient et t'est agréable (*Ne jamais oublier ces mots*).

Exorcisme. — Au nom, etc., je congédie et renvoie l'Esprit actuellement visible dans ce miroir, s'il n'est pas N... (*Nommer l'Esprit*) ou s'il n'est pas un bon et véridique Esprit.

Ceci doit être prononcé d'une voix très énergique et très sévère, par trois fois répété, le doigt sur le cristal.

Formule de renvoi. — Au nom, etc., je congédie de ce miroir tous les esprits qui y sont descendus ; et que la paix de Dieu soit pour toujours entre eux et moi.

Ceci doit être répété trois fois, avant de lever la séance, même s'il n'est point apparu d'esprit. L'omission de cette formalité entraîne la ruine du Miroir.

Mandeb. — Le miroir magique employé par les Arabes consiste en un petit rond d'encre épaisse que le sorcier verse dans la paume de la main gauche d'un enfant ; on trouvera des récits détaillés de visions dans les ouvrages du comte de Laborde et de W. Lane. Voici une description succincte de l'opération d'après Léon de Laborde (1) :

Tout d'abord deux formules sont écrites sur deux bandes

---

1. Karl Kiescwetter (in *Sphinx*, 1890) croit que le magicien arabe nommé Abd-el-Kader-el-Moghrebi, dont parle de Laborde, n'est autre que le fameux émir qui devint plus tard notre ennemi.

de papier : la première est une sentence du Koran (chap. 50, verset 21) ; l'autre consiste dans l'invocation suivante :

« Tarschoun ! Tarzuschoun ! Descends ! Descends ! Sois présent ! Où sont allés le prince et son armée ? Où est allé El-Amar ? Le prince et son armée ? Apparaissez serviteurs de ce nom ! »

Cette incantation est répétée sur six morceaux de papier, tandis que la sentence du Koran est attachée à la coiffure du sujet ; le tout a été d'abord présenté à la fumée d'un encens composé à parties égales de *Takeh mabachi* et de *Konsoubra Diaou* (encens, graines de coriandre) auxquels on ajoute de l'ambre indienne.

La figure du miroir étant dessinée, dans la main du jeune sujet, on jette dans le feu la première formule de conjuration, en psalmodiant ces mots :

Anzilu aiouha el Dschemonia et Dshennoum.
Anzilu betakki matalaboutontron aleikum.
Taricki, etc. (2 fois).
Anzilu, etc. (3 fois).
Taricki, etc. (2 fois).

L'opérateur continue en tenant la main du sujet jusqu'à ce qu'apparaisse le balayeur :

Remarquons que Jean Dée et Kelley voyaient également au début de leurs évocations une figure d'homme balayant une place. Karl Kiesewetter [1] trouve là « le symbole de

---

1. *Akademische Monatshefte*, 78-82, München.

la destruction des obstacles matériels de la clairvoyance».
On pourrait considérer ceci comme particulier à un cercle
d'initiation. Dans les expériences de ce genre entreprises
à Paris depuis quelques années nous n'avons jamais vu ni
entendu relater ce symbole.

Le magicien de M. de Laborde fit venir quand le balayeur
eut disparu sept drapeaux planétaires dans l'ordre suivant : Mars, Saturne, Lune, Vénus, Jupiter, Mercure, Soleil
après avoir brûlé la deuxième formule, puis quand les drapeaux sont évanouis, la troisième portion est également
jetée au feu. Le sujet voit alors arriver des troupes (qua-
trième et cinquième formules) qui dressent des tentes,
tuent un bœuf, le cuisent et le mangent. C'est alors qu'il
est prêt à répondre aux questions des assistants.

MIROIR DES BHATTAHS

Cinq officiers anglais, parmi lesquels le narrateur (1),
assistèrent un jour à la danse d'illumination des Muntra-
Vallahs, ou Brahmes magiciens. Ce rite se célébrait à Mut-
tra (dans le royaume d'Agra, sur la rive ouest de la
Djumna) ; cette cité est fameuse par le débit qu'elle fait
d'instruments magiques ; c'est un des deux seuls endroits
du monde où soit connue la préparation de la Paraphtaline

1. Le colonel Stephen Fraser.

gomme employée pour la vision au miroir. Ces Brahmes appellent l'état dans lequel on est illuminé, *sommeil de Siolam*.

Quelques auteurs mystiques pensent qu'ils ont recueilli leurs connaissances dans le sentier « d'à gauche » où leurs voisins les Dougpas de Bhoutan les auraient dirigés. Nous ne pouvons rien affirmer de précis à ce sujet.

Nous allons résumer la longue description du colonel Fraser :

Au jour convenu, nos cinq officiers se rendirent, à travers les gorges des Chocki-Hills, au village où devait avoir lieu la mystérieuse danse « Sebeiyeh ». Le cheik, vieillard plus que centenaire, à en juger par l'air vénérable et les barbes blanches de ses petits-fils, les reçut avec courtoisie et fit aussitôt commencer les préparatifs de la cérémonie.

Un cercle fut d'abord décrit sur le sol par deux couples de jeunes fiancés, porteurs de vases de terre ; un liquide noir, visqueux, semblable à du goudron remplissait ces vases ; le cheik leur apprit que cette substance, recueillie dans les crevasses volcaniques des Mahadeo-Hills (Gondivana, Décan), est récoltée par de jeunes garçons et des jeunes filles n'ayant pas encore atteint l'âge de puberté ; on ne peut la trouver que pendant le mois de juin ; elle est ensuite soumise à des préparations occultes, pendant quarante-neuf jours par d'autres jeunes gens à la veille de se marier.

Ce cercle avait été décrit autour d'un petit autel de pierres, sur lequel brûle sans jamais s'éteindre le feu sacré des

Garounahs. Un trépied soutenait au-dessus de ce feu un grand récipient en terre, où les quatre jeunes opérateurs versaient le quart du contenu de leurs vases ; plusieurs centaines d'assistants étaient rangés autour du cercle, et une partie d'entre eux faisaient frénétiquement résonner des tambours et de grossières cymbales, préludant de sorte étrange aux prochains enthousiasmes sacrés.

Le cheik, pendant ce temps, indiquait aux officiers le symbole du feu, âme universelle de la nature, toujours agissante ; au-dessus d'elle cependant sont les trois pouvoirs divins de Para Brahm : trépied idéal de la création, de la préservation, de la transformation ; une perche recouverte de peaux de serpents cobras — coïncidence remarquable — couronnée d'une noix de palmier, est enfoncée en terre près de l'autel ; c'est l'image du pouvoir créateur de la divinité, de la force mâle, rigide, pénétrante, tandis que le vase soumis à l'action du feu représente la puissance passive, fondamentale, enveloppante de la force féminine.

Selon les rythmes troublants des voix suppliantes, aux éclats des flûtes de cuivre, au bruit des tambours et de barbares instruments, commence une danse étrange scandée par les cris perçants des femmes et des filles, peu à peu exaltées jusqu'à la fureur religieuse : tandis que les échos des rochers voisins répondent à ce puissant concert comme des voix de Devas propices aux désirs des mortels.

Avançant d'un mouvement voluptueux et doux, auquel tout le corps semblait prendre part, les jeunes filles souples et gracieuses, parées de toutes les splendeurs du luxe oriental, exprimaient avec un charme indicible, par les inflexions de leur buste gracile, par de légères génuflexions, par les gestes enroulants de leurs bras, la plus idéale poésie de l'amour ; elles tournaient autour de l'emblème phallique, remuant en mesure avec une spatule d'argent le contenu du vase qu'elles portaient, — tandis que les deux couples qui avaient inauguré la cérémonie exécutaient des rythmes symétriques.

Le vieux brahmane prit alors la parole ; mais sa voix sans timbre, loin d'interrompre l'état de contemplation où ce spectacle et ces musiques avaient jeté les étrangers, pénétrait avec une puissance magnétique jusqu'au cœur de leurs esprits pour les modeler comme une cire molle, aux premières directions de la pratique occulte.

Il leur dévoila dans un langage gemmé des fleurs précieuses de la poésie orientale, la vraie nature de la passion : il la leur montra comme la racine secrète de l'âme humaine, comme le soutien de toute existence, comme le ressort invisible qui meut toute créature ; pure essence d'abord, puis divisée en l'innombrable hiérarchie des Forces, elle est l'élixir pour qui la conquiert, elle est sacrée et se révèle comme le bras tout-puissant de celui qui la domine.

« La substance contenue dans ces vases — ajoutait le Cheik, est chargée de passion, — et c'est par le magique pouvoir de cette dernière, lorsque, tout à l'heure, des cristaux seront couverts de ce liquide, que les voyants pourront y contempler non seulement n'importe quelle scène de la vie terrestre mais encore les tableaux enchanteurs du séjour des Dieux. — Telle est la vraie Porte, conclut le brahme en un dernier murmure.

Les musiciens avaient pendant ce temps accéléré leur rythme et les danseurs leurs mouvements, des deux premiers couples de fiancés se détacha soudain l'ainée des jeunes filles, — et tandis que ses comparses commençaient à remuer la masse noire suspendue sur le feu, en proférant de magnétiques incantations, — elle quitta, continuant à danser, sa tunique d'or, pour offrir aux yeux ravis la royale aumône de sa beauté.

Les contours parfaits de son jeune buste baignaient dans l'air lumineux de la vesprée avec des transparences d'opale; l'emmêlement de ses noirs cheveux dénoués avivait la délicatesse de ses seins, les nobles courbes de ses flancs; comme la fleur merveilleuse de quelque plante de rêve, l'ovale délié de la tête couronnait de splendeur le buste frémissant de la jeune bayadère, tandis que le jeu de ses languides paupières dispersait sur toutes choses le prestige magique de ses yeux.

Son art ignorait les mouvements précipités de notre chorégraphie; symboles vivifiés à force de science des hautes conceptions du sanctuaire, chacun de ses pas *révélait* un Arcane, et chacun de ses gestes évoquait un Pouvoir. D'onduleuses flexions du torse, des balancements de hanches accompagnaient l'enlacement des jeunes bras, tandis que le divin regard de la vierge semblait la livrer toute à l'idéal bien-aimé; c'étaient les palpitations mêmes de l'âme que l'on croyait voir se traduire par le corps d'une sorte indicible et si chaste ; les vagues ondulées de ses mouvements voluptueux se prêtaient à l'expression des mille nuances du désir et de la pudeur que devinaient avec ravissement les spectateurs muets : — car la Beauté réside seulement dans le Mystère inexprimable.

Le colonel fut tout à coup tiré de sa contemplation admirative par l'hiératique danseuse qui l'invitait à jeter un coup d'œil sur le contenu du grand vase magique ; au lieu d'une masse noire et bouillante, il y aperçut avec étonnement des plus délicates couleurs se changeant à tout instant en des formes sans cesse variées de fleurs chatoyantes ; le grand-prêtre versa une couche de ce liquide dans les ondes duquel notre héros revit des amis et des parents chers à son cœur, ainsi que plusieurs autres tableaux extraordinaires.

On excusera la longueur de l'extrait que nous venons d'adapter ; nous avons voulu mettre le lecteur mystique sur la voie d'un des plus puissants secrets du Temple oriental.

COMMUNICATION D'UN ESPRIT PLANÉTAIRE

« Toutes les fois que des esprits gardiens, ou anges du plus haut ordre se meuvent dans le monde spirituel, l'air qui les entoure est purifié de tout ce qui, à un degré quelconque, est plus grossier qu'eux-mêmes.

« Ainsi, lorsqu'un esprit atmosphérique rencontre un esprit plus céleste, l'esprit atmosphérique cède à la pression de l'air qui entoure l'autre et se retire pour lui livrer passage. De cette façon les esprits visitent notre atmosphère, et les sphères plus basses que la leur propre, comme la terre, sans jamais venir en contact avec les individualités inférieures à lui, à moins qu'ils ne le désirent. Ainsi, même, lorsqu'un esprit est appelé à converser avec des êtres humains, la pensée de l'Evocateur, ou plutôt sa volonté l'atteint immédiatement, et il apparaît séparant et repoussant devant lui toutes influences moins angéliques que la sienne. »

Les esprits gardiens, et les anges de haut degré, ne peuvent être vus que dans l'Urim ou le Thumim, le cristal et le miroir ; les autres modes de divination, par des vases d'eau, par des ombres, par des bandeaux, ou fluides noirs, sont efficaces seulement pour voir des personnes mortes, des esprits atmosphériques, des esprits errants mauvais ou non développés (1).

*
* *

Résumons rapidement tout ceci.

L'homme possède, latente au sein de son être, la faculté de communiquer avec l'Invisible. Il peut le faire soit par la lumière, soit par le son, soit par chacun des cinq autres organes des sens astraux que lui reconnaît l'ésotérisme. Dans le premier cas le pouvoir qu'il développe est la clair-

1. *Art Magic,* passim.

voyance. — On a vu, avec quels milieux et quels êtres, cette faculté le mettait en rapport, on s'est enfin efforcé de déterminer quel serait, pour chacun l'instrument, qui lui offrirait l'aide le plus efficace dans cette tâche ardue et périlleuse. Ce memento est bien incomplet; il offre au point de vue théorique comme au point de vue pratique bien des lacunes. Je ne le présente pas moins avec confiance au public spécial que cela intéresse; ne serait-ce que parce qu'il est le résumé à peu près complet de ce qui a été imprimé jusqu'à ce jour sur ce sujet.

Les travailleurs sincères y trouveront la seule base vraie et solide pour la pratique de la divination.

BIBLIOGRAPHIE

1. Art Magic. or Mundane, Sudmundane et supermundane spiritism. *New-York*, 1876, *in-8*.
2. CAHAGNET. Magie magnétique ou traité historique et pratique, etc.
3. ELIPHAS LEVI. Rituel de haute Magie. *ch. XX*.
4. U.-N. BADAUD. Coup d'œil sur la Magie au XIX® siècle. *Paris, Dentu*, 1891, *in-18*.
5. Recherches sur la magie égyptienne par LÉON DE LABORDE. *Paris*, 1841, *Renouard, br. in-4*.
6. PAPUS. Traité élémentaire de magie pratique. *Paris, Chamuel*, 1893, *in-8*.
7. PAPUS. Les Miroirs magiques, conférence faite au groupe Indépendant d'Etudes ésotériques. (Dans le *Voile d'Isis*).
8. CARL DU PREL. Das Kreus am Ferner, roman *Stuttgart, Cotta*, 1891, 2 *vol. in-16* (ou son analyse dans *L'Initiation* de juin 1892).
9. WILLIAM LANE. Mœurs et coutumes des Egyptiens actuels traduit en allemand par le *Dr Julius-Theodor.* ZENKER. *Leipzig, Dyk*, 2 *vol. in-8*.

10. GORRES. Mystique divine, naturelle et diabolique, trad. de Ch. Ste-Foi (III, 598-613).
11. CASAUBONUS. A true and faithfull relation of what passed for many yearsbetveen D' John Dee and some spirits. *London* n-4 (analysé par PHILOPHOTES dans l'*Initiation*, janvier-avril 1894).
12. *Lettres édifiantes et curieuses, etc.*
13. DE SACY. Exposition de la religion des Druses.
14. POTTER. Travels in Syria.
15. VON. HAMMER. Hist. des Sasseins.
16. YOUATT. Research into magic Arts.
17. COL. FRASER. Twelve Years in India.
18. Le *grand* et le *petit Albert*.
19. AGRIPPA : *Philos. occ.*

FIN

LIBRAIRIE GÉNÉRALE DES SCIENCES OCCULTES

11, QUAI SAINT-MICHEL, PARIS

EXTRAIT DU CATALOGUE

ABAILLARD (Pierre de Béranger).
Œuvre spiritualiste. Entretiens posthumes. Un vol. in-8° avec dessins et un portrait médiumnique par Hugo d'Alési.   Prix   3 fr. 50

    Suite de dictées sur les religions et les dogmes, sur les grandes vérités de la vie future au sens rationnel du mot. Œuvre d'une haute portée philosophique, dédiée à ceux qui doutent, à ceux qui cherchent, à ceux que préoccupent l'existence de l'âme, ses origines et ses fins.

BOURGEAT (J.-G.).
Le Tarot. Aperçu historique ; Signification des vingt-deux arcanes majeurs et des vingt-deux premiers nombres ; Signification des cinquante-six arcanes mineurs. De l'interprétation. De la manière d'opérer pour obtenir des oracles. La Colombe. L'Epervier. Les Perles d'Isis. Méthode des Gitanes. Le tout suivi de 84 exemples en tableaux. Ouvrage illustré par l'auteur. Un volume in-12 cartonné.   Prix   3 fr. 50

    Entre tous les manuels de cartomancie et les manières de tirer les cartes tous plus ou moins baroques et charlatanesques, le livre de M. J.-G. Bourgeat répond à un besoin. Voici, au moins, de la méthode et de la logique.

BUÉ.
I. Le Magnétisme curatif : Manuel technique. Vol. in-18°, nouvelle édition.   Prix   3 fr.
II. Psycho-Physiologie. Hypnotisme. Somnambulisme. Fascination. Clairvoyance. Loi phénoménale de la vie. Vol. in-18, avec dessins, nouvelle édition.   Prix   4 fr.

    La nouvelle édition que la librairie des Sciences Occultes vient de faire de cet ouvrage était depuis longtemps attendue. Les demandes quotidiennes de ces deux livres justifient pleinement cette réimpression ; et je ne serais pas étonné qu'avant peu le mot épuisé remplaçât le prix de l'ouvrage sur les catalogues. Le succès de l'œuvre est d'ailleurs explicable ; c'est un guide parfait pour qui veut connaître ou pratiquer le magnétisme. On trouve dans le tome I l'exposé et la pratique et dans le tome II la théorie de la thérapeutique magnétique d'après les idées de Louis Lucas que l'auteur a beaucoup étudié.

ELY-STAR (Dr).
Les Mystères de l'Etre. Un volume grand in-8°.   Prix   10 fr.

    Astrologie populaire, vulgarisée chaque année par l'Almanach Hachette. Œuvre d'imagination, pleine d'aperçus ingénieux, hors toute tradition et qui, néanmoins, peuvent être vrais. En tout cas, œuvre sincère et d'un très grand charme de lecture.

GUAITA (Stanislas de).
Au seuil du Mystère. Beau volume in-8 avec deux planches kabbalistiques en héliogravure.   Prix   6 fr.

Stanislas de Guaita est, dit Papus, l'un des kabbalistes contemporains les plus savants et les plus aimés des lecteurs de l'occultisme.
Nous ajouterons que ses œuvres sont, pour ainsi dire, classiques dans le monde occulte et que tous ceux qui s'intéressent aux sciences maudites sont tenus de les connaître.
Ce volume forme avec le « Temple de Satan » et la « Clef de la Magie noire », l'examen le plus complet des faits de l'occultisme : étude transcendantale et d'une lecture passionnante, cette œuvre doit figurer dans toutes les bibliothèques dont les possesseurs s'enrichissent de livres hermétiques.

JULEVNO (♀).
L'A B C de l'astrologie, enseignant à chacun le moyen de dresser son horoscope et de connaître facilement sa destinée. Un vol. in-8° raisin.   Prix   2 fr. 50.

Cet abrégé de l'Astrologie, fait spécialement pour les commençants, contient toutes les données nécessaires pour dresser un horoscope sans difficulté, pour en effectuer l'interprétation et trouver les époques des évènements de la vie. Après la lecture de ce petit volume, le lecteur pourra aisément aborber l'étude de notre nouveau traité d'astrologie qui renferme l'exposition complète de la science astrologique.

MARC MARIO.
Roman du merveilleux : Le Pouvoir suprême. Beau vol. in-8° orné de 90 gravures et d'une couverture en couleurs.
      Prix   3 fr. 50.

Abondamment illustré, cet ouvrage renferme la doctrine de la haute magie : Dogme rituel et cérémonial. Aux lecteurs qui, à l'exposé technique d'un traité, préfèrent la mise en action de la haute science des anciens mages, nous recommandons cet attrayant roman.

NOVAYE (Baron de).
Guerre et Révolution d'après les prophéties. Un vol. in-18 jésus de 154 pages.   Prix   1 fr. 50.

Recueil avec commentaire et résumé de 45 prophéties qui toutes sont d'accord pour prédire de graves évènements prochains à notre pays et à toute l'Europe.

PAPUS.
Traité Élémentaire de Magie pratique. Adaptation, réalisation, théorie de la Magie avec appendice sur l'Histoire et la bibliographie de l'évocation magique et un dictionnaire de la magie des campagnes, philtres d'amour, etc.

Beau volume in-8° raisin de 570 pages avec 158 figures planches et tableaux. Nouvelle édition revue et augmentée.
Prix 12 fr.

A celui qui, las de savoir, désire enfin oser, l'érudit directeur de l'« Initiation » offre un compendium des moyens employés, présentés sous la forme la plus pratique. Combien se sont trouvés arrêtés qui, prenant les choses à la lettre, rencontraient un obstacle insurmontable. Il appartenait au maître de tracer la route aux disciples qui le suivent et désormais chacun ne recevant que l'esprit de la tradition saura suppléer selon ses moyens aux difficultés matérielles pour toujours anéanties.

PAPUS.
La Magie et l'Hypnose, contrôle expérimental des phénomènes et des enseignements de la magie au moyen de l'hypnose. Vol. in-8° carré, avec gravures. Prix 8 fr.

Observations, travaux, faits, expériences d'occultisme pratique, tel est le sujet de cette œuvre de Papus. Tout savant que la télépathie, la clairvoyance et la clairaudience inquiètent ou intriguent doit posséder cet ouvrage. On y trouvera force idées neuves et des découvertes fertiles.

PAPUS.
Peut-on Envoûter ? Broch. in-18 avec gravure représentant un pacte de sorcellerie au XIV° siècle. Prix 1 fr.

Étude historique, anecdotique et critique sur les plus récents travaux concernant l'envoûtement, et se terminant par de curieuses interviews sur les envoûteurs contemporains.

PREL (Baron Carl du).
La Mort, l'Au-delà, la Vie dans l'Au-delà. Traduit de l'allemand par Mad. Agathe Hoemmerlé. Introduction par le Colonel de Rochas. Un vol. in-8°. Prix 3 fr. 50.

Voici un bon livre, qui traite des sciences psychiques. S'il ne donne pas aux négateurs aprioriques de tout ce qui n'est pas rigoureusement et officiellement scientifique, la clef des mystères troublants qui préoccupent l'humanité pensante, du moins il les déroute et les désarçonne. Quant aux autres, aux chercheurs patients et impartiaux ne demandant qu'à se rendre compte, cet ouvrage leur donne toute satisfaction.

ROCHAS (Albert de).
L'extériorisation de la sensibilité. Beau vol. in-8° carré avec gravures sur bois dans le texte et 4 planches lithographiées en couleurs. Prix 7 fr.

Constatation d'un fait surprenant et son explication satisfaisante, documentée par les nombreuses expériences de l'auteur, suffisante raison donnée à la réalité de l'envoûtement et à l'efficacité de la poudre de sympathie, de la zoothérapie, etc.

ROCHAS (Albert de).
L'Extériorisation de la motricité. Recueil d'expériences

et d'observations. Un vol. in-8° avec nombreuses gravures. Nouvelle édition très augmentée. Prix 8 fr.

Nous avions entendu parler des objets se déplaçant sans qu'il y eût contact entre eux et l'opérateur. L'ouvrage du colonel de Rochas relate de nombreuses expériences plus que troublantes, aguichant la curiosité et le désir de se rendre compte de visu des phénomènes qu'il relate et dont l'ouvrage reproduit la photographie.

ROCHAS (Albert).
Les États profonds de l'hypnose, 3ᵉ édition. Un vol. in-8° carré. Nouvelle édition. Prix 2 fr. 50.

Ouvrage d'un passionnant intérêt scientifique où le savant auteur analyse les forces peu connues de la nature humaine. L'hypnotisme et le magnétisme surtout font l'objet de ce volume où de nombreuses découvertes excitent au plus haut point la curiosité.

ROCHAS (Albert de).
Les États superficiels de l'Hypnose. Un vol. in-8° carré avec gravures. Prix 2 fr. 50.

La notation rigoureuse des phénomènes constatés par l'auteur, et les nombreuses citations des expériences faites par lui, rendent cet ouvrage aussi précieux qu'un document. Il constitue en outre et en dehors de la partie didactique occulte un faisceau de preuves indiscutables. Les œuvres du colonel de Rochas sont toujours des succès de librairie ; cela ne nous étonne point, car l'auteur met autant de talent que de probité à établir ses dires sur des bases scientifiques. On peut donc, après la lecture de l'œuvre, en nier les conséquences ; on n'a pas le droit de récuser le témoignage.

SANTINI DE RIOLS (E.-N.).
Les Pierres Magiques. Histoire complète des pierres précieuses ; leurs origines, leurs vertus et leurs facultés ; leur puissance occulte ; leurs influences diverses sur l'homme et les animaux ; philtres, remèdes qu'elles servaient à composer ; thérapeutique lapidaire ; pierres aphrodisiaques et pierres anaphrodisiaques. Un vol. in-18. Prix 3 fr. 50.

Ce livre est plein d'attraits ; il regarde la femme, l'artiste, l'orfèvre, le critique d'art, et même, quoique pour un autre motif, les médecins. Si les femmes du monde qui tirent quelque orgueil de leur connaissance lapidaire et de leur avis sur les bijoux incrustés de pierres précieuses sont soucieuses de leur charme, elles se procureront cet ouvrage.

Le catalogue complet raisonné et illustré est envoyé franco. Écrire à la Bibliothèque Chacornac, Quai Saint-Michel, n° 11, Paris.

Imprimerie BONVALOT-JOUVE, 15, rue Racine, Paris.

BIBLIOTHÈQUE CHACORNAC
11, QUAI SAINT-MICHEL 11, — PARIS

EXTRAIT DU CATALOGUE

C... *(ancien élève de l'École Polytechnique).*
Ephémérides perpétuelles. Un vol. in-4 avec 8 grandes planches permettant de déterminer les différentes coordonnées des planètes pour toute époque passée et à venir.   Prix 6 fr.

FLAMBART (Paul), *(ancien élève de l'École Polytechnique).*
Influence astrale. Essai d'Astrologie expérimentale, avec de nombreux dessins de l'auteur et planches hors texte. Un vol. in-8.   Prix 3 fr.

FLAMBART (Paul).
Le langage astral, traité sommaire d'Astrologie scientifique, avec un recueil d'exemples célèbres. Un vol. in-8 avec de nombreux dessins de l'auteur.   Prix 6 fr.

FLAMBART (Paul).
Etude nouvelle sur l'hérédité, accompagnée d'un recueil de nombreux exemples, et des dessins de l'auteur. Un vol. in-8   Prix 6 fr.

HAATAN (Abel).
Traité d'Astrologie judiciaire. Vol. in-8 carré avec nombreux tableaux, tables, figures et dessins et deux portraits rares.   Prix 7 fr. 50

JULEVNO.
L'A B C de l'Astrologie, enseignant a chacun le moyen de dresser son horoscope et de connaître facilement sa destinée. Un vol. in-8 raisin.   Prix 2 fr. 50

JULEVNO.
Nouveau traité d'Astrologie pratique, avec tableaux, figures et tables astronomiques permettant d'ériger très rapidement un horoscope et d'établir très facilement les dates des évènements de la vie. Un vol. in-8 raisin.   Prix 5 fr.

LA LUMIÈRE D'ÉGYPTE ou la science des astres et de l'âme, en deux parties. Un vol. in-4 avec huit planches hors texte.   Prix 7 fr. 50

LA DYNAMIQUE CÉLESTE.
Traité pratique d'Astrologie donnant la véritable clef de cette science. Un vol. in-4.   Prix 5 fr.

VANKI.
Histoire de l'Astrologie. Un vol. in-8.   Prix 5 fr.

LA SCIENCE ASTRALE
Revue consacrée à l'étude pratique de l'Astrologie
3 années de parues, formant 3 vol. Prix de chaque vol. 12 fr.

www.ingramcontent.com/pod-product-compliance
Lightning Source LLC
LaVergne TN
LVHW021006090426
835512LV00009B/2107